otoportré
de l'oteur
roger brunel

L'AGENDA INUTILE DU PROF

ÉPUISÉ

Exercice sur le titre :
Prendre la phrase-titre
« AGENDA INUTILE
DU PROF, épuisé ».
Changer l'ordre des mots au gré de votre humeur du jour selon la règle de
« Marquise, vos beaux yeux… »

«Quant aux fautes qui se pourraient trouver en l'impression, comme de lettres transposées, omises, ou superflues, la première édition les excusera, et la discrétion du lecteur savant qui ne s'arrêtera à si petites choses.»

Joachim du Bellay

«Défense et Illustration de la Langue française»

En substance,
si quelques fautes d'orthographe, de syntaxe ou de grammaire vous sautent aux yeux à la lecture de cet album, merci de les corriger avec indulgence… pour une fois, j'économise le correcteur !!

DU MÊME AUTEUR / MÊME COLLECTION :

CIEL, MON AVION ! - PAPY BOOM, MAMY BLUE - HUMOUROLOGUE - ATTENTION, ÉCOLE ! - ATTENTION, CLASSE ! - ATTENTION, PROF ! - ATTENTION, ÉTUDES ! - ATTENTION, ÉDUCATION NATIONALE ! - ROGER

COLLECTION BD HUMOUR :

PASTICHES T.5

PASTICHES T.6

PASTICHES BEST OF

PASTICHES L'INTÉGRALE (Tomes 1 à 4)

LE MEILLEUR DES PASTICHES

COLLECTION VENT DES SAVANES :

LA VÉRITE SUR LE BÉBÉ (avec Rodrigue)

MANUEL DU PARFAIT BRICOLEUR (avec Rodrigue)

MANUEL DU PARFAIT JARDINIER (avec Rodrigue)

MANUEL DU PARFAIT CAMPEUR (avec Rip Holin)

www.glenat.com
http://roger.brunel-bd.monsite.orange.fr

ROGER BRUNEL

L'AGENDA INUTILE DU PROF

ÉPUISÉ

Punition de Roger Brunel

Je ne dois pas me moquer de l'enseignement.
Je ne dois pas me moquer de l'enseignement.
Je ne dois pas me moquer de l'enseignement.
Je ne dois pas me moquer de l'enseignement.
Je ne dois pas me moquer de l'enseignement.
Je ne dois pas me moquer de l'enseignement.
Je ne dois pas me moquer de l'enseignement.
Je ne dois pas me moquer de l'enseignement.
Je ne dois pas me moquer de l'enseignement.
Je ne dois pas me moquer de l'enseignement.
Je ne dois pas... Oui !... Mais, quand même !...

Glénat

Septembre

01

02

C'est parti!

03

V. Post-it →

04

05

06

07

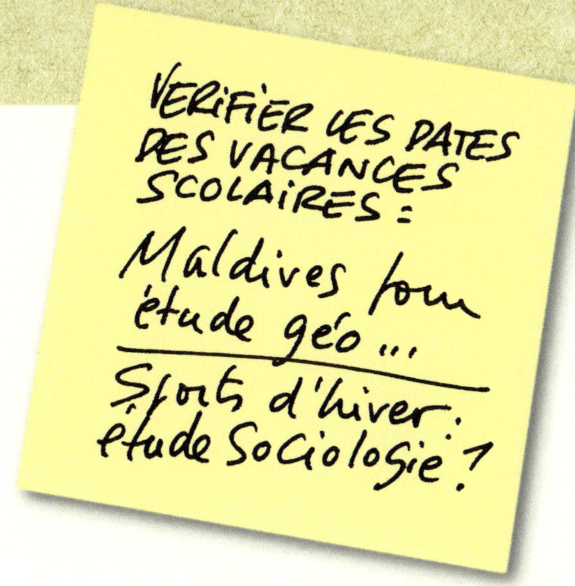
VERIFIER LES DATES
DES VACANCES
SCOLAIRES :
Maldives pour
étude géo...
Sports d'hiver :
étude Sociologie ?

MOI... JE LUI AURAIS MIS 12 !!
MON

ANPE

Septembre

08

JE LUI DEMANDE DE CONJUGUER LE VERBE "CROIRE" À TOUS LES TEMPS ET VOILÀ CE QU'IL M'ÉCRIT :

JE CROIS QU'IL FAIT BEAU
JE CROIS QU'IL PLEUT
JE CROIS QU'IL NEIGE
JE CROIS QU'IL Y A DES NUAGES

09

10

11

12

13

14

... OU INFIRMIER...
... OU PHARMACIEN...
... ET SI J'Y ARRIVE PAS... JE SERAI... MALADE!!

BAR "Le Philo"
KANTERBRA

Septembre

15

16

17

18

19

20

21

Etude de documents =

- Rides aux yeux pour avoir trop regardé

quoi ?

- Poches sous les yeux pour avoir trop

- Oreilles décollées à force d'avoir trop entendu : "Faut pas pousser !!"

photo : Jean Marc BLACHE.

Vous voulez dire "TÂCHER" ! ?? ???

Le document ci-joint, nous montre le visage amène d'un auteur de BD et de dessins d'humour sûrement durement touché par une scolarité traumatisante au point de s'acharner à quatre reprises sur les mœurs de l'Education nationale !!

même !!
pas vrai !!

Éléments probants :

• manque de cheveux sur le haut du crâne dû à une pratique intensive du "poirier" en éducation physique !

• la moustache peut limiter l'individu entre Astérix et Rabelais ...

C'est déjà pas si mal !

• la chemise noire montre qu'il aime le noir... C'est pas la peine surtout de chercher plus loin !

• Ce type de gilet n'a aucun intérêt si l'on ne voit pas le contenu des poches

Qui a choisi le doc ?

Septembre

22

23

24

25

26

27

28

CERTIFICAT
DIPLÔME
Diplôme
DIPLÔME
DIPLÔME
LICENCE
LIVRET
ALAIN MINC
MARGNAT
Nicolas

Septembre/Octobre

29 Cours de Karaté

30 achat de protections

01 Réunion Parent - Professeurs

02 20h

03

04

05 Pharmacie

Début de la convalescence ...

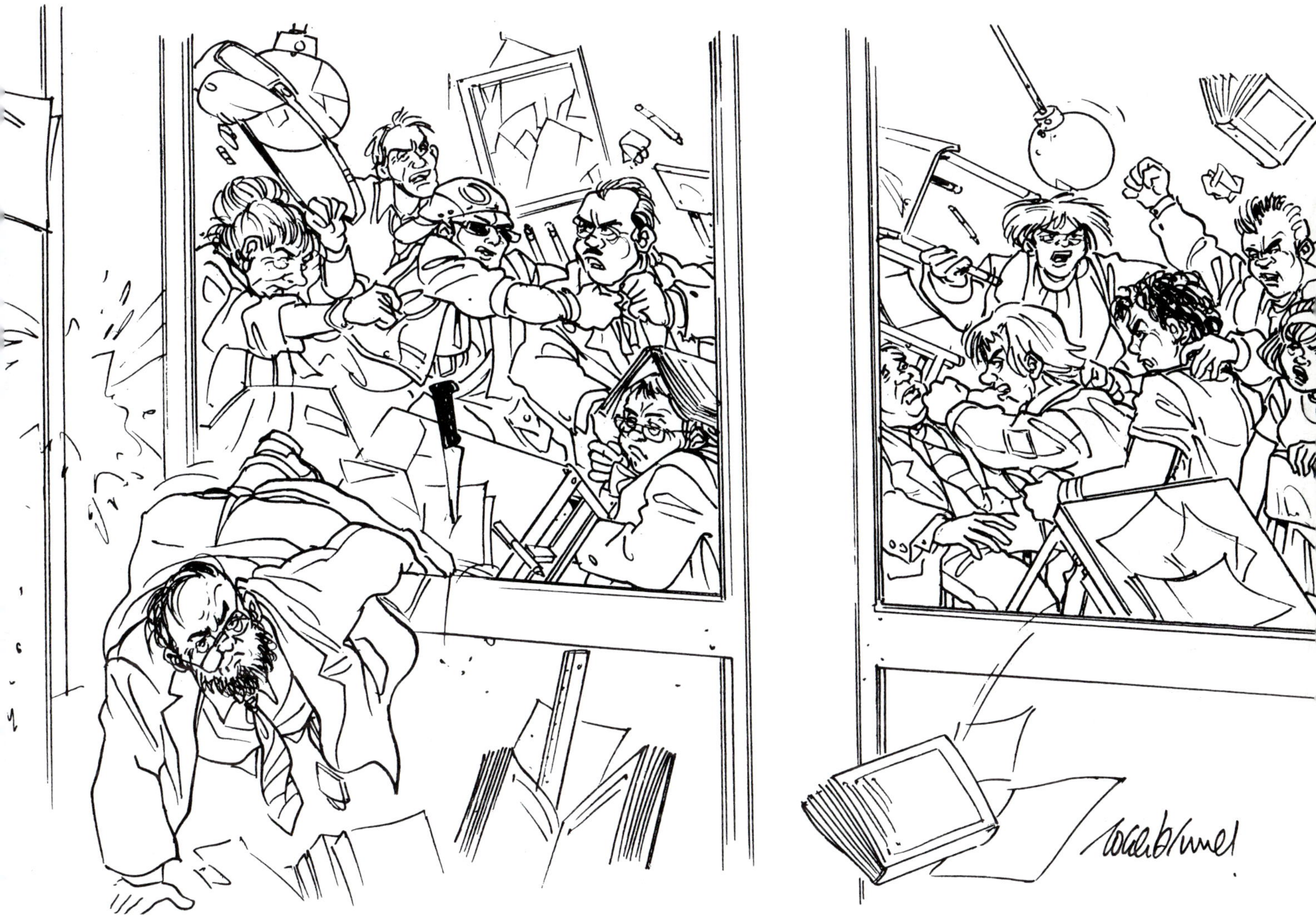

Octobre

06 Cette semaine : Refaire une tentative pour

07 comprendre la circulaire du Ministre

08

09

10

11

12

Pour répondre
à Josyane (CM2):
Regarder dans le
dico, comment s'écrit
~~CUNILINGUS~~
CUNNILINGUS?

Octobre

âge	
sexe	

Comment mettre tout ce qu'on voudrait dire sur le sujet dans un si petit carré ?

Quand la femme (ou l'homme) a découvert que la chèvre donnait du lait...
Que cherchait-elle (ou il) à faire à ce moment-là

13 Encore 3 élèves absents ce matin !!

14 On devrait exiger le remplacement

15 immédiat des élèves malades !!

16

17

18

19

PRIV
ALORS ?
TU AS UN MAÎTRE OU UNE MAÎTRESSE ??

Octobre

20 j'ai corrigé les 3/4 des copies de maths...

21 il doit m'en rester la moitié!

PAS LE TEMPS !!

22

23

24

25

26

IDÉE DE PROBLÈME :
Sachant que le lycée a été construit sur un site d'enfouissement de fûts suspects, d'amiante, de déchets toxiques, Calculez la durée de vie de…
Monsieur, Madame,
Si vous ne croyez pas les mots d'excuses que je fais pour mon fils Franck, demandez à son frère, c'est lui qui les fait !
ECOLE

Octobre/Novembre

Je vous rappelle que
" VOS GUEULES
DOIVENT SE FERMER
QUAND J'OUVRE
LES GUILLEMETS " !

27 15h30 : Huissier
mandaté par
un élève !!

28

29

30

31

01

02

Parait que mes copies sentent le tabac !!! Même celles que je corrige aux toilettes ...?!!?

PAS LE TEMPS !!

Novembre

03

04 Pas le temps !!

05

06

07

08

09

CIRCONSTANCES ATTÉNUANTES (?): 100% des enseignants ont été enseignés dans leur enfance !

REPRÉSENTATION
Commerce
Formation
Secrétariat
Offres d'emploi
Imprimerie Publicité
COMMERCIAUX
Garde d'enfant
Cadres de direction
Commerce
Comptabilité
Travail temporaire
Gardien/concierge
Mi-temps temps partiel
Standardistes
Chauffeurs
Industrie
Bâtiment T.P.
de maison

Novembre

J'aurais aimé être
« le Temps » au-dessus
du Lac, pour répondre
à Lamartine :
« Hé, pôv' con,
si je suspends
mon vol, je me casse
la gueule ! »

10 dire à Robert :
NE PAS CONFONDRE :
LENNON et STALINE
11 avec
LÉNINE et STALLONE
!!

12

13

14

15

16

Je n'ai rien contre l'étude du Rap en Français à condition de donner des cours de français aux Rappeurs !!

Novembre

« La très chère était nue
et, connaissant mon cœur,
elle n'avait gardé que ses
bijoux sonores… »
= poésie « Bling-bling »…
c'est un peu juste
comme commentaire !

17 Circulaire :
« y a rien
à voir ! »

18

19

20

21

22

23

Heureux élèves
de l'An II :
une seule année
d'histoire
à apprendre !

Novembre

24

9h = RV avec l'avocat d'Aymeric de Chassagnac "Affaire de la note en-dessous de 10"

25

Refaire la demande des Palmes académiques

26

27

28

29

30

devoir sur le VATICAN =
C'est qui ce PAPINO 103 ?! ..

demander aussi explication pour JEANNOT BÛCHER

Puisque mon travail à la maison n'est pas compté, pourquoi n'amènerais-je pas du boulot au lycée (lessive, vaisselle, tricot, repassage,...) ?

Décembre

01

pour me trouver un remplaçant
Prévenir l'Académie
que je serai absent du

02

4 au 9 décembre 2015

03

04

05

06

07

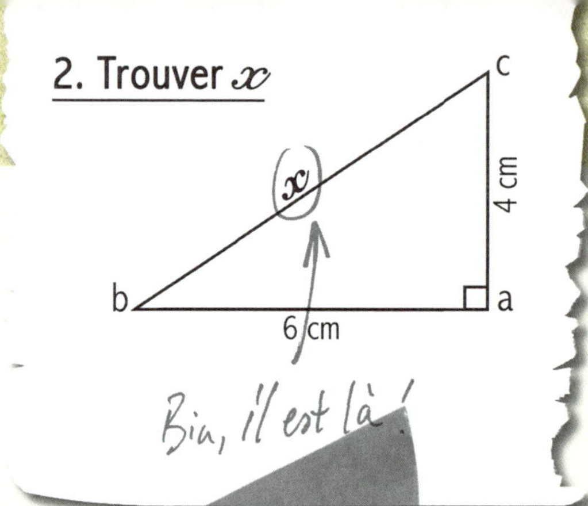

Mot d'excuse,
Mon fils ne poussra venir
demain car on tue le cochon
Rendé lui se mot
parse que j'ai écri derrière
la liste des Commissions
qu'il doit acheté
Refaire la demande
des Palmer
académiques
CE COURS VOUS EST OFFERT PAR
COKA
la boisson des jeunes
Calculez :
A
B
- Volume
- Poids
- Prix
20dl
⌀60
A'LA CANTINE, J'EXIGE
YAOU
AUX FRUITS
LA PROCHAINE "INTERRO" SERA PARRAINÉE PAR
Tor-l'ol
EPONGES SYNTEX
VOTRE PROFESSEUR EST HABILLÉ PAR
NiF-NiF
Stylomau

Décembre

08

Si ce n'est déjà fait :
Penser à faire dédicacer
mon agenda avant
la rentrée !

09

10

11

12

13

14

Exemples d'adjectifs
peu valorisants =

ÉCOLE… PRIMAIRE !
Tout est dit !
ENSEIGNEMENT… SECONDAIRE
Y a pas plus clair !
ÉCOLE… NORMALE Ah, bon ? ?!
Parce que les autres… ?!
COURS… ÉLÉMENTAIRE ou MOYEN
On ne peut pas faire mieux !!

Idée = Émission de télé-réalité dans une classe terminale qui donne droit à des emplois... Pour Bob, balayeur tapez 1...
CLAUDINE ! IL VOUS RESTE DES PROFS DE MATHS... POUR LE NORD ??...
AFFECTATIONS
FRANÇAIS
MATHS
HIST-GÉO

Décembre

Dire à Paul
que c'est :
ÉNERGIE SOLAIRE !
pas "SCOLAIRE" !!

15

Regarder sur Internet
les blogs de mes
élèves !!!

16

17

18

19

20

21

PAS L'TEMPS !! ..

Attention, Émile ! La Fontaine n'a jamais écrit : "... la mouche du coach" !

PENSER À RACHETER CET AGENDA L'ANNÉE PROCHAINE !!

Décembre

22

SERVICE MINIMUM :
à définir par rapport à quels critères ?!? …
demander au recteur ?

23

24

25

26

27

28

NON au Permis d'enseigner... à points !!

LATIN = → Jean
"C'est ma faute"... ne se traduit pas :
"Mais, a coule pas !"

Décembre/Janvier

29

Voeux :

30

d'heures
d'élèves
de violence

31

de copies
de respect

01

de congés
de réunions
de circulaires

02

de grèves
d'inspecteurs
de retraite

03

de réduction
à la Camif
d'absences
de matières

04

Placez les
+ et les –
au bon endroit !

... PROBLÈMES DE CLASSES SURCHARGÉES CHEZ VOUS ?!...

Janvier

05

06

07

Résolution :

- Prendre un une "Coach" à 2 vitesses :

COACH IN ou COACH ON !

08

09

10

11

La foi pour l'école publique...
La foi dans l'école privée...
Y a pas une école sans foi ?...
L'école libre ?! Des fois ?!

Janvier

GRÈVE (n.f.) : Plage… de non-travail.

12

Refaire la demande des Palmes académiques

13

14

15

16

17

18

ÉLÈVE: Roger Brunel
Sujet : LA LIBÉRATION
Cette période fut marquée par la naissance d'un grand témoin de l'histoire en marche : moi !!
... TU MANIFESTES AVEC NOUS DEMAIN ?!? ...
C'EST PAYÉ EN HEURES SUP' ??
Brunel

Janvier

19 C'est aujourd'hui !! Penser au préambule et soigner l'intro du sujet

20

21

22

23

24

25

Si c'est en forgeant qu'on devient forgeron...
Est.ce que Enseignant, con devient ?...

Pour les maisons de repos de l'Éducation nationale, c'est comme pour la Fac..., Faut s'inscrire dès l'entrée dans la Carrière ! Voire, dès l'entrée à l'EN ou même en 6ème !!

Janvier/Février

26

9h à 10h45 = Fouille Police
11h à 11h03 = Visite du Ministre
11h03 à 12h = Séance photos avec le Ministre

27

28

29

30

31

01

Des policiers à l'école ?.... Pourquoi pas, si ça peut leur apprendre quelque chose !...

Tant de palmes dans le monde Académique... Pas étonnant que ça nage !!

Février

02

03

04 Vérifier qualification du Prof' de ski pour les enfants

05

06

07

08

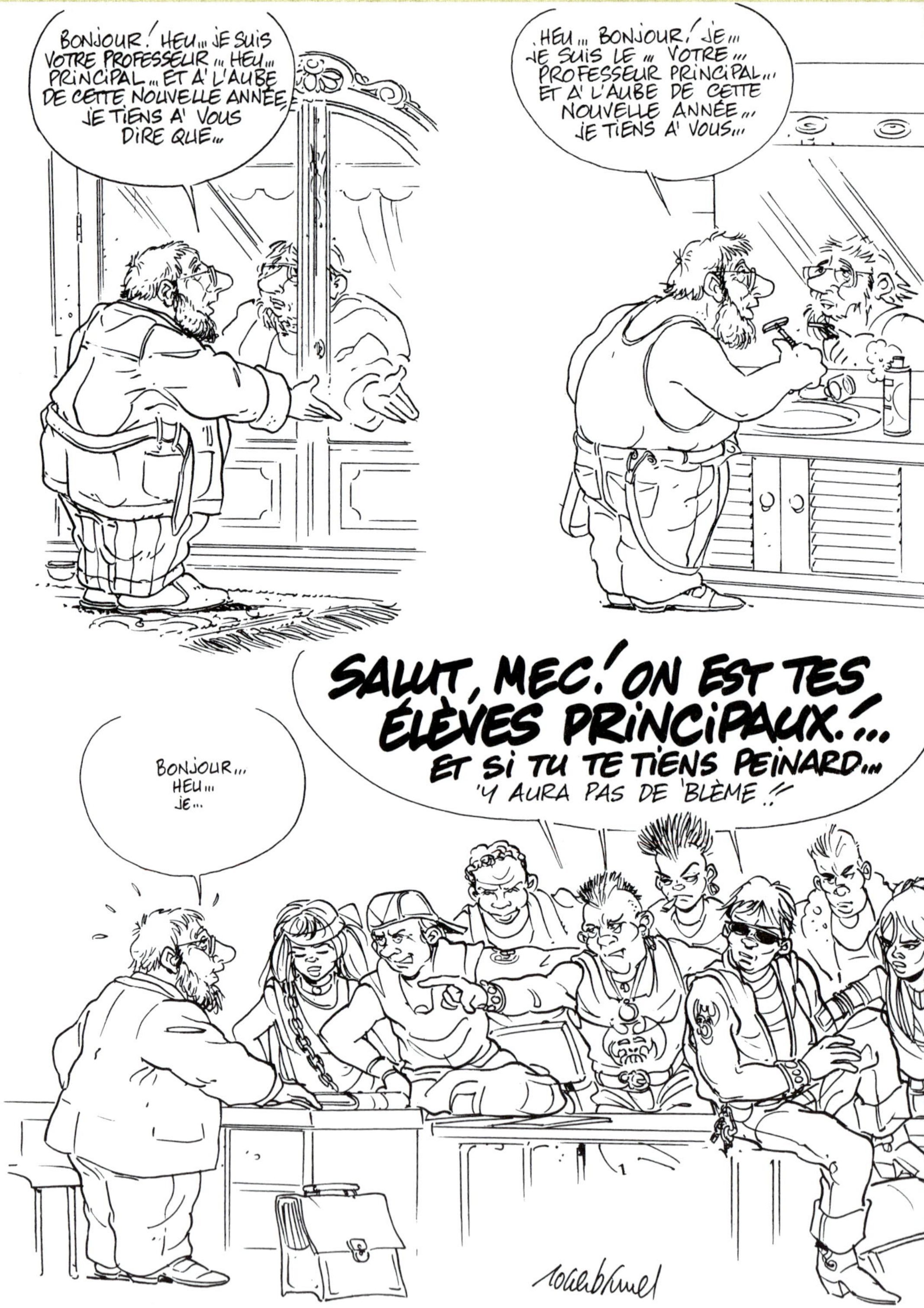

MAMMOUTH (n.m.) :
Mammifère fossile
(v. ce mot).

FOSSILE (n.m.) :
Fam. Personne aux idées dépassées…
Pas besoin d'aller voir ailleurs

Février

Réunion avec Proviseur :
Garder mes idées
pour moi !

09

10

11

12

13

14

15

UNE DERNIÈRE FOIS :
" QUI A ÉCRIT
DANS MON
AGENDA ? "

"BÉRÉNICE"... c'est une tragédie en "vers lents" ?

Février

Aujourd'hui, lueur d'intérêt et de bonne humeur chez mes élèves d'habitude amorphes... (v. Post-it)

16

17

18

19

20

21

22

PARADOXE :
« **ATTENTION, ECOLE** » est pourtant clairement inscrit sur les panneaux proches d'un établissement scolaire, mais avertis du danger, on y va quand même !! Par contre, devant les commissariats, il n'y a pas de panneau « **ATTENTION, POLICE** » !!

La raison : ma braguette ouverte sur un slip à fleurs !! Jusqu'où aller dans le sacerdoce !!

Février/Mars

Intelligence artificielle
Connerie réelle !

23

Journée pleine... de trous dans l'emploi du temps !

24

25

26

27

28

01

Josyane,
avant d'ouvrir
la bouche,
pense à connecter
ton cerveau !

Mars

02 ____________

____

03 ____________

____

04 ____________

____

05 ____________

____

06 ____________

____

07 ____________

____

08 ____________

____

Tennis avec le Proviseur: Penser à perdre!

Mars

09 Raccorder le Prof de

PHILO au...

10 Tout à l'ego !

11

12

13

14

15

je les ai fait rire en leur disant que Rocco Siffredi comme exemple de cinéaste italien... c'était un peu court !

Pour l'interro-surprise, la surprise a été pour moi... Tellement les réponses étaient nulles !

Mars

Tous les élèves égaux ?...
= exemple de + petit dénominateur commun !

16 Réunion pour planifier les prochaines réunions

17

18

19

20

21

22

Trop tard
pour les photocops!

Mars

23 8h Footing 15h Briefing
10h Brunch 18h Cocktail des Profs de Français

24

25

26

27

28

29

Too good :

Un élève est raide amoureux de sa prof d'anglais et lui dit après la classe :

- I ame veri mad of you, madame ! Douyou sink it is possibole to feuque wizyou zis nailleteu for exampole ?

La prof, choquée, répond :

- With you, ? Never !

- Euh... OK ! Disons Never, Never et demie !

Mars/Avril

30

31 Comment dit-on en Anglais :
" BIENTÔT, LES VACANCES ! " ?
- YEEEEEEEESSSSS !

01

02

03

04

05

PROBLÈME

Sachant qu'une bombe de peinture couvre 3 m^2, qu'une lettre a une surface de 0,5 m^2… Quel mot pourrez-vous tagguer sur le mur du Lycée avec 2 bombes ?

Avril

06 A'quand
un cours de mime
par signes pour
les malentendants?

07

08

09

10

11

12

NOMBRES NÉGATIFS :
Il y a 3 personnes dans un compartiment de métro. Si à la station suivante, 6 personnes descendent, il faudra que 6 autres montent pour qu'il y ait zéro passagers dans le wagon ! Simple, non ?

"La tâche d'un fonctionnaire, c'est de fonctionner." De là à ce que la fonction crée l'organe !!...

Avril

Philo ou Histoire : Pourquoi donc les Kamikazes portaient-ils un casque ?!

13 — *10h Réunion pour le choix du café de la machine de la Salle des Profs.*

14

15

16

17

18

19

A propos de *Liberté* : Pourquoi des verrous aux portes des établissements ouverts 7 jours/7 et 24h/24 ?!

Avril

20

MON DIEU*! FAITES QUE VOUS N'EXISTIEZ PAS !!

21

* ou DIEUX

Penser à rappeler à Ahmed, Jean-Chrétien et Jonathan qu'on ne parle pas de religion...

et qu'au pire : "Dieu est amour !"

LOL !

22

23

24

25

26

Dis-moi ta religion... Je te dirai qui tuer !!

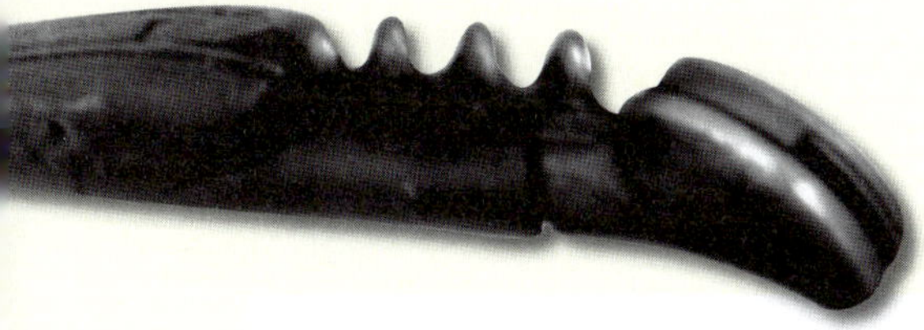

Avril/Mai

Voir le Prof de Grec pour la signification du foulard Hermès ?...

27 Ouf ! La St Barthélémy

tombe le

28 24 août !!

29

30

01

02

03

Le plus pénible, ce n'est pas le complexe d'infériorité, ni celui de supériorité... c'est le complexe d'égalité..!!

Mai

04 Doit-on dire :
Laïque
ou
05 LE Hic ?

06

07

08

09

10

Que fait la Brigade des Stups contre l'opium du peuple ?

Quand on a brûlé Jeanne d'Arc, il s'est dégagé comme une odeur de Sainteté !... Puis, elle a arrêté de fumer !

Mai

Si on sort couvert... on ne peut pas fumer, alors ?!..

11

Thème du débat : L'échec scolaire dû à la scolarité ?

12

13

14

15

16

17

On ne doit pas dire :
PARENT D'ÉLÈVE.
mais...
GÉNITEUR D'APPRENANT

Mai

18

19

Grosse vanne du Prof de Gym à la récré

"Je m'souviens plus de mes 69 que de MAI 68 !!"

20

21

22

23

24

Les grandes périodes de l'Ère Primaire sont : le CM1 et le CM2

Mai

25 Commencer à rattraper le retard...

26

27

28

29

30

31

Les calculettes interdites en Français ! Elles servaient pour compter les pieds d'alexandrins ?!

Vers une fusion : ANPE et EDUCATION NATIONALE... pour plus d'efficacité ?
Elle m'a loupé de peu, celle-là !!
JE REGRETTE POUR VOTRE FILS, MADAME... MAIS, NOUS N'AVONS... PAS ENCORE, DE SECTION "TECHNO-PARADE"...
LYCÉE TECHNIQUE

Juin

Demander aux Profs de faire signer leurs mots d'excuses par leurs enfants ?!

01 Il me reste combien de jours ?

02

03

04

05

06

07

Absences de Profs...
Si on compte le nombre d'élèves présents, mais complètement "absents", ça peut faire une moyenne...!?!

Juin

08 Sujet à proposer :
"Dieu a fait l'homme à son hommage..."

09

10

11

12

13

14

ANTICIPATION !
ANTILOGIE !
ANTIMÉTABOLE !
ANTIMÉTATHÈSE !
ANTIPARASTASE !
ANTIPHRASE !
ANTITHÈSE !
Tous unis !!

Contrepet physique d'été:
"PARTICULE ÉLÉMENTAIRE"

Juin

15

16

17

18

19

20

21

TOUSSE ENSEMBLE !
TOUSSE ENSEMBLE !

L'art de manifester devra

Presque toutes les disciplines et matières y sont représentées :

- **Gym** avec la marche et divers exercices physiques, tels c les porters, les lancers, la boxe, la course…
- **Orthographe** et **Calligraphie** pour l'écriture des pancar
- **Histoire** avec le nom des rues
- **Géographie** pour le plan du trajet

tre enseigné…

- **Maths** : probabilité et relativité pour le comptage des manifestants
- **Philo** : définition et compréhension du motif de la manif'
- **Chimie** : étude des gaz lacrymogène

… et, ad minima, l'**alphabétisation** avec déchiffrage des initiales des sigles des différents syndicatsø

Juin

Ça y est, cette fois je suis nommé P.R.O.F.

Professeur Responsable de l'Organisation du Foutoir et je peux adhérer au S.Y.N.D.I.C.A.T.

22

23

24

25

26

27

28

Syndicat
Yuppie
Narguant
Décemment
l'Institution
Centrale
Avec
Tact

CREF
MNEF
CPR
FEN
EHESS
SLEN
CRDP
SNES
SNC
GES
SNI
LEP
QUOI? LA F.N.S.P.X.G.E.N. N'EST PAS AVEC NOUS ?!?

Juin/Juillet

29 Qui a mis ce dessin ici ?! Je ne peux pas écrire mon programme démentiel de la semaine !!

30

01

02

03

04

05

Retrouver au plus vite les copies du BAC ! V. femme de ménage...

ENCORE UN SONDAGE SUR NOUS !!
... ET ALLEZ ! ON N'AURAIT CHOISI L'ENSEIGNEMENT QUE POUR LES VACANCES !!
C'EST IMPROPRE !!
EXACT ! IL EST PLUS JUSTE DE DIRE... ... CONGÉS SCOLAIRES !!

TOUS FRÈRES !
NON A' LA SÉLECTION.!!
UNION
NON AU RACISME
...ET A' L'EXCLUSION !!
ÉCOLE POUR TOUS
UN ÉLÈVE... (BLANC, PROPRE, BIEN ÉLEVÉ, RESPECTUEUX, CATHOLIQUE ET APOLITIQUE DE DROITE) ...PAR CLASSE ET PAR PROF !

Juillet

06 Pour les Copier,
la femme de ménage
n'a rien retrouvé!
07 Tél. à la Voirie...

08

09

10

11

12

encore raté !!
Comme ton Bac,
p'tit con !!

Juillet

- Pensez à demander à la Cantine :
le menu laïque et de préciser
si je mange "gauche" ou "droite" !!

13

14

15

16

17

18

19

CANTINE
FORMULE CHIMIQUE

CaO, MgO, Na_2O, SO_3

H_2O à volonté

Ca^{2+}, Fe^{2+}, Pb, C

Mg, K, S,
Etc...

CANTINE
MENU LITTÉRAIRE

Crudités couleur d'Érin

Délice de cuisse d'Apis

Écrasement doux de
Tubercules Parmentériens

Filles et fils d'Eden

Juillet

RECETTES
Cuisine anglaise

Not found

Rentrée =
Suggérer au Chef de donner
des Cours de Cuisine !!!
Ça l'obligera à se replonger
dans ses livres !!

20

21

22

23

24

25

26

Noter * des idées de menus au Restaurant de la Plage

* En vain !

Juillet/Août

Corriger (en heures sup')
le "Cahier de Vacances"
des enfants

Leur donner un
problème sur
l'ombre portée
du parasol...

27

28

29

30

31

01

02

Relire la 253ème circulaire du Ministre pour m'endormir (malgré la ligne SNCF)
ÇA VIENT DE CHEZ VOUS ?!?
CUISINES

Août

03 Rencontré un collègue au stage de Pâte à sel...
→ Réunion ce soir pour en parler...

J'AI EU UNE MEILLEURE NOTE QUE LUI !!

04

05

06

07

08

09

LE SUJET DE MA THÈSE D'HISTOIRE ÉTANT : "LA VIE DE JULES CLAMPOUIGNE ET PLUS PRÉCISÉMENT LA PÉRIODE DU 15 JUIN 1541 DE 15 HEURES A' 17 HEURES CHEZ LUI" ... FORCE EST DE CONSTATER APRÈS CES 680 PAGES ... QU'IL FIT UNE SIESTE ... IL EÛT ÉTÉ INTÉRESSANT DE PERCER SES RÊVES A' CE MOMENT ... MALHEUREUSEMENT ...
JURY

SALLE 5A
SALLE 5A
RÉUNION SUR LES RYTHMES SCOLAIRES
DOM DOM
DZIN
BADOUM
DZIN
DONK DONK
DONK BADONK
DONK

Août

C'est même vrai en vacances, de la plage au night-club !! Je retourne vérifier !!

SUJET DE « B.A.C. » ?

10

11

12

13

14

15

16

Depuis 1968, les deux professions dans lesquelles les « antagonistes » ont peu à peu adopté la même tenue vestimentaire sont curieusement l'Enseignement et la… Police !

Les profs ont un look semblable à celui de leurs élèves…

Tout comme les inspecteurs de Police sont fringués comme ceux qu'ils poursuivent !

Les banquiers, les politiques, les dirigeants… ont, eux, conservé le costume, la cravate, le tailleur…

Pas de conclusion, mais un beau sujet de réflexion, non ?!

Août

On a le "Resto de la mer" ou "L'Hôtel de la Plage"
en face de la mer...
le "Bar des Facultés" en face de l'Université...
A'quand le "Bistrot à Tabac", devant le Commissariat,
"l'Hôtel du Cul" "le bistrot du foie" près des "Restos du Cœur" ?!
et "l'Auberge pourrie" pour l'Assemblée nationale..

17

18

19

20

21

22

23

SARTRE (Jean-Paul) :
Passa une partie de sa vie à se persuader de l'existence du « Deuxième sexe » de Simone de Beauvoir.

Août

24

Compte à rebours:
Ça approche...
Rester à l'ombre... ne
pas arriver trop bronzé!

25

PENSER À OFFRIR
CET AGENDA
AU NOUVEAU
PROVISEUR...

NB: La pub est
interdite à l'école!
Quoique ?!!

26

27

28

29

30

Constat =
L'école est violente
parce que la société
est violente...
euh...
L'école est con
parce que la société
l'est aussi ?!

Août

31

BONNE RENTRÉE À TOUS !

Déjà fini !
(Je parle de l'agenda... parce que pour les vacances... c'est bientôt !!)

Désolé pour la suite... mais, je n'ai pas encore mon programme !!

En même temps que "l'instruction publique" est devenue "Éducation nationale" … les élèves sont devenus des clients !!

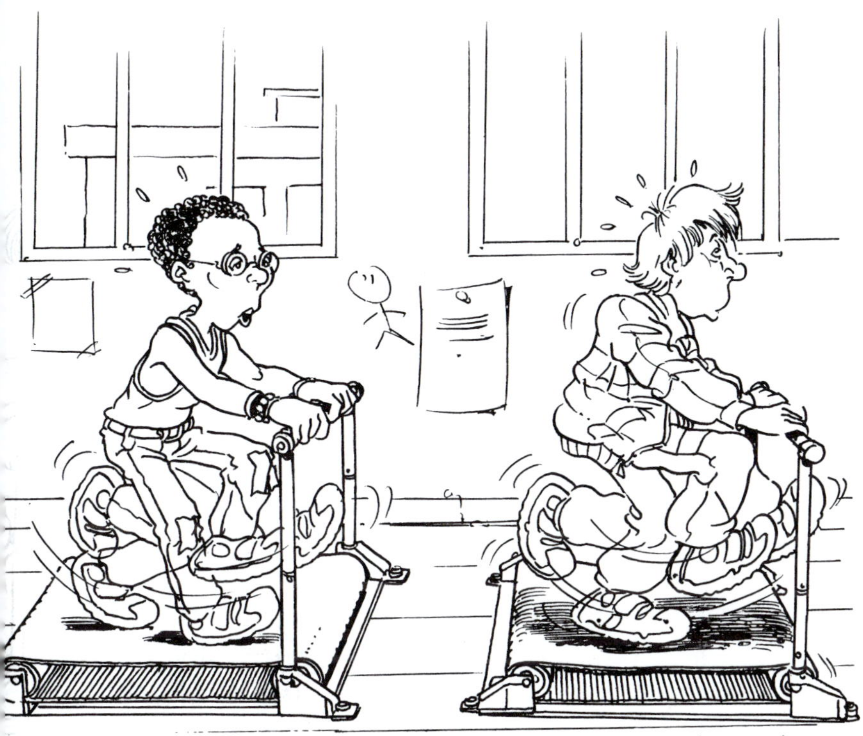

Spinoza on tour

Ça va ! C'est de l'encre de seiche..!

Biologie : Est-il nécessaire d'utiliser une seringue neuve pour une euthanasie ?!

Dépôt légal : août 2008
I.S.B.N. : 978-2-7234-6521-2
Achevé d'imprimer en France, en août 2008 par Pollina - n° L47821.

Étude de documents :

- Rides aux yeux pour avoir trop regardé

quoi ?

- Poches sous les yeux pour avoir trop

- Oreilles décollées à force d'avoir trop entendu : "Faut pas pousser !!"

Vous vouliez dire "TÂCHER" ! ? ! ?

photo : Jean-Marc BLACHE.